La nuit s'approche, l'aube va arriver

Du même auteur

Aux éditions Philippe Rey
L'Évangile selon saint Loubard (repris chez Points)
L'Évangile, une parole invincible (repris chez Points)
Rallumez le feu ! (repris au Livre de Poche)
Et si on parlait de tes mômes ?
Réussis ta vie !
Mes plus belles prières
Ose l'amour !
Face à la souffrance
Lutte et aime, là où tu es ! (repris chez Points)
La magie des animaux
Apprends à pardonner
Cœur de prêtre, cœur de feu (repris chez Points)
La vieillesse, un émerveillement
Petit guide de prière
Éveilleur d'espérance
Le couple
Occupe-toi des autres !
Vagabond de la bonne nouvelle (repris chez Points)
Nos fragilités
Le bonheur
Jésus, un regard d'amour
L'humilité

Aux éditions Stock (repris au Livre de Poche)
Un prêtre chez les loubards
La rue est mon église
Des jeunes y entrent, des fauves en sortent
L'Espérance aux mains nues
Aventurier de l'Amour
Avec mon aube et mes santiags
Les petits pas de l'Amour
Jusqu'au bout !
Dieu mon premier Amour
Des loups dans la Bergerie
Dealer d'Amour
Passeurs de l'impossible
Ma religion, c'est l'Amour
Kamikaze de l'espérance
Et si je me confessais

Aux éditions Salvator (repris chez J'ai Lu)
Cris de jeunes

Aux éditions des Béatitudes
Chemin de croix
Le plus bel album de famille : le rosaire
Les mystères lumineux du rosaire

Aux éditions du Livre ouvert
La violence… un appel ?
Lutte, prie et aime

Aux éditions Coccinelle (bandes dessinées)
Aimer à tout casser
Des loups à Faucon

Guy Gilbert

La nuit s'approche, l'aube va arriver

Méditation sur la mort

Philippe Rey

Si tu veux m'écrire, fais-le par le biais de mon éditeur.
Si tu savais comme tu m'aides en me critiquant ou en m'engueulant. Ma plume alors s'enrichit.
Merci.

Ton frère

7, rue Rougemont - 75009 Paris

www.philippe-rey.fr

INTRODUCTION

Osons parler de la mort, lui faire face et vivre

Je vais tenter de disserter joyeusement de la mort, tout en sachant que nous y sommes condamnés. Autant en être conscient tout de suite plutôt que d'avaler un jour son bulletin de naissance en s'apercevant trop tard que la vie est brève : « Merde, il fallait mourir, je ne m'en étais pas rendu compte ! »

La mort ne nous ratera pas

J'ai un jour enterré un restaurateur. Il faisait des poulets rôtis à damner un archevêque. Je n'en ai jamais mangé de pareils ailleurs. Un cancer l'a dévoré très rapidement. J'avais vu qu'il avait maigri, car il suivait une chimiothérapie. Il est mort en quelques semaines.

Depuis un an, il ressentait de fortes douleurs dans les poumons.

Il y a des morts brutales. Des accidents, des crises cardiaques. On ne s'y attend pas, on est surpris par la mort, c'est très douloureux pour les proches.

Nous sommes dans une société où domine la culture de la réussite. Cela nous éloigne de la mort que tout le monde cherche à cacher, à se cacher à soi-même. Le handicapé, le vieillard, le clochard, le malade nous gênent et nous emmerdent. Seul ce qui est beau, bon, performant est intéressant. Tout le reste est rejeté, on refuse l'échec et la faiblesse. C'est pourquoi la mort nous choque, qu'elle soit brutale ou programmée depuis plusieurs années.

Même le vieillard de cent ans continue à avoir des rêves, c'est mieux ainsi. Mais s'il y a une chose qui ne nous rate pas, c'est la mort.

> *De nos jours, on survit à tout sauf à la mort.*
>
> Oscar Wilde

J'aimerais la voir en face

Quand j'étais petit, au séminaire on nous parlait de la mort. Nous étions effrayés. Les curés nous décrivaient l'enfer et nous montraient des choses horribles, mais on en parlait.

Comment se préparer à la mort? Croyants ou incroyants, elle nous impressionne et, au fond, heureusement. Imaginez qu'en voiture vous ne craigniez pas les accidents. Ce serait un carnage épouvantable! Imaginez que vous alliez en montagne, sur le bord du précipice, et que vous n'ayez pas peur...

J'entends souvent des gens me dire qu'ils souhaiteraient partir sans s'en apercevoir. D'autres, dont je suis, aimeraient voir la mort en face. Pas trop souffrir, mais la voir en face, la voir arriver et pouvoir se dire : « Maintenant je vais dans l'autre monde. Mon deuxième berceau, c'est la mort, j'arrive dans ma nouvelle vie. »

Assumer sa peur

Quand un proche meurt, ce corps qui ne bouge plus nous impressionne. En le regardant, on aime se souvenir de ce qu'il était juste avant de partir. Quand on ne pense qu'à la terre, on refuse d'envisager la mort, et pourtant elle nous attend tous. Parler de l'au-delà n'est pas une fuite, c'est un moyen de vivre autrement. C'est une exigence et un aiguillon. Pascal disait que s'étourdir, c'est courir « sans souci dans le précipice, après avoir mis quelque chose devant [les] yeux pour s'empêcher de le voir ». Si nous pensons – et c'est là où le croyant est très fort – que ce que nous vivons aujourd'hui, ce soir, a valeur d'éternité, tout acte de justice et d'amour comptera éternellement. Sainte Thérèse de l'Enfant-Jésus et tant d'autres ont parlé de la mort avec amour et confiance. Parfois même ils l'ont désirée, tellement ils aimaient Dieu, tellement ils voulaient Le rejoindre.

Le plus beau jour de notre vie

La mort nous dépasse, sauf si nous croyons à la résurrection, si nous croyons à une autre vie.

En Suisse j'interrogeais des jeunes. J'ai demandé si parmi eux il y avait des athées. L'un d'eux s'est levé. Il avait seize ans. Il a dit qu'il ne croyait en rien. Je lui ai demandé : « Tu ne reverras donc plus tous ceux que tu as connus sur terre ?

– Non.

– Ça ne te fait rien ?

– Si, ça m'emmerde un peu, mais il n'y a rien après. »

Certains disent que ce sera le plus beau jour de notre vie. Personnellement je le pense. Faire de la mort le plus beau jour de notre vie, c'est refuser de vivre une existence close sur elle-même, c'est s'ouvrir, dès notre séjour sur terre, au mystère de l'au-delà. Croyants, nous sommes des vivants appelés à une autre vie. Quand on le croit, on s'y prépare.

Bossuet disait que si l'on ne croit plus en l'immortalité de l'âme, on vit comme des bêtes. C'est certain que, si on n'a pas une conception précise de l'au-delà, une vision pleine d'espoir, sur terre on sera tenté d'écraser les autres pour être le plus performant. Un croyant vit forcément autrement.

> *Le premier homme qui est mort a dû être drôlement surpris.*
>
> Georges Wolinski

Mes jeunes : appel constant vers l'éternité

Personnellement je ressens très fort cet appel vers l'éternité à travers le regard de nos jeunes. Quand je vois ces yeux de mômes perdus, je devine des destins terribles, des parents disparus, je vois des jeunes déstabilisés. Une fois, ayant quitté les jeunes de Faucon, j'en ai rencontré du même âge dans un petit village suisse : quelle pureté de regard ils avaient, comparée à l'angoisse que je lis habituellement dans celui des jeunes de la rue. Parce qu'ils ont été aimés, parce qu'ils ont été mis sur la route de la confiance.

Vivre avec les jeunes les plus meurtris est pour moi un appel constant vers l'éternité. Leur donner tout l'amour humain possible peut les convaincre que l'amour existe. J'espère qu'un jour ils comprendront que cet amour vient de Dieu.

Quand la mort frappe

La mort fait partie de mon métier d'éducateur. À côté des jeunes qui s'en sortent, qui relèvent la tête, qui trouvent du travail, fondent plus tard une famille, il y a ceux pour lesquels nous ne pouvons rien faire. Et au bout d'un tunnel de chômage, de drogue, d'alcool, de dépression, se trouve parfois la mort. C'est un échec, une violente souffrance pour moi.

Mort d'overdose

En montant l'escalier conduisant à cette fameuse morgue du quai de la Rapée, à Paris, j'ai entendu son hurlement. Elle a déjà vu son fils dans le cercueil. Je m'avance vers elle. Elle me prend la main et, soudain calmée, revient se pencher sur le visage de William. « Regardez, il sourit. »

C'est vrai. La dernière injection d'héroïne, il savait qu'elle serait mortelle. Il souffrait trop, depuis des années. En six ans, je l'avais le plus souvent rencontré en prison alors qu'il n'habitait qu'à quelques pas de chez moi. Quand il était dehors, il passait rarement me voir. Ses yeux bleus, magnifiques, étaient effrayants. Des yeux de mort, hagards et perdus dans un rêve entretenu par la pieuvre de la drogue que des copains lui avaient proposée et dont, depuis des années, il ne pouvait plus se passer. En prison, je retrouvais le William sympathique, ouvert, délicat, qui me regardait en face. Il me jurait qu'en sortant, les cachets, l'héroïne, ce serait fini. Il sortait, et replongeait dans sa drogue presque immédiatement. Pourtant, issu d'une famille sans problèmes, il aurait pu cultiver naturellement ses talents d'artiste.

Comme des étoiles filantes

Ils étaient cinq dans la voiture. Une virée du samedi soir, bien alcoolisée. À la sortie de la boîte, Brice demande les clefs au conducteur qui avait bu. Discussion serrée. Brice capitule devant le refus catégorique du propriétaire de la voiture. Elle va devenir leur tombeau, vingt minutes après. Déchiquetés, quatre mourront. Un seul survivra.

Brice était l'enfant unique de Nelly, mère abandonnée quand le géniteur avait su qu'elle était enceinte.

Vingt-deux ans d'amour fauchés d'un seul coup, dans la carcasse écrasée d'une bagnole devenue folle. Douleur sans nom d'une mère sans son petit, son merveilleux univers.

Nelly m'avait demandé de célébrer l'Eucharistie au nom de tous les parents ayant perdu tragiquement leur enfant. L'église du Haut-Doubs était archicomble. Deux panneaux, à l'entrée, invitaient les familles à noter les prénoms de leurs gosses partis comme des étoiles filantes. Stupéfaction au moment de la prière universelle. Les grands panneaux étaient pleins à ras bord. L'interminable martyrologe des prénoms égrenait lentement la douleur et l'espérance de tous les vivants présents, qui voulaient se souvenir et nous crier : « Soyez forts ! Aimez vos gosses. »

Avant le repas qui rassemblait les amis de Nelly, j'allai seul avec elle, la main dans la main, en pleine nuit, déposer un cœur de jonquilles et trois bougies sur la tombe de Brice. Dans le ciel si pur du Haut-Doubs, passa une étoile. Brice nous faisait peut-être signe. Il est vivant. Nelly le sait, aujourd'hui. Sa foi le lui crie.

Puisse-t-il sauver de là-haut tant de vies appelées à être étoiles du berger !

Lettre d'une mère à son fils mort dans un accident de voiture

Mon Stanislas, mon chéri, mon amour,

Tu es de la race des anges, de ceux qui ne sont qu'Amour.

Voici un an que tu nous as quittés, vers un pays inconnu de nous tous, nous qui sommes aveugles, vers ce pays qui s'appelle Amour !

Alors aujourd'hui, comme tu le fais depuis un an, continue à nous guider, mon Tinou : rends-nous forts ! Rends-nous purs ! Rends-nous beaux !

Mets ta main dans ma main, mon amour, et guide-moi sur ton chemin.

Mets tes yeux dans mes yeux, mon Stan, et apprends-moi l'Amour : le vrai, le seul, celui qui vient de Dieu.

Mon petit messager de l'Amour et de l'espoir, mon petit prince de lumière, tu as rempli nos vies magnifiquement, tu nous as comblés totalement et tu as fait des merveilles depuis ton départ : tu as sauvé et guéri ton papa. Tu as permis à ta maman de rester debout et forte, alors qu'elle croyait qu'elle ne pourrait le supporter, tu lui as appris à accepter ce qui était pourtant inacceptable.

J'accepte ta liberté, j'accepte ton sacrifice, si douloureux soit-il, parce que je t'aime avec passion, mon fils !

Tu es grand, mon chéri.

Fais-nous grandir à ton tour, mon Stan, dans la foi et la charité, élève-nous, mon amour, vers ce qui est vrai.

Ne reviens pas vers nous, car nous venons à toi. Nous avons scellé notre amour pour l'Éternité !

Nous avons vaincu la mort, mon Tinou, rien, jamais plus, ne nous séparera…

> *Mort à jamais ? Qui peut le dire ?*
>
> Marcel Proust

Les mots comptent beaucoup

Quand je rencontre un jeune confronté au deuil d'un proche qui comptait pour lui, je lui demande : « Est-ce que tu l'aimais ? » L'adolescent subit un traumatisme particulier à la mort d'une personne qu'il aime. Il faut en tenir compte. C'est souvent son premier deuil. Les mots que nous, adultes, prononçons pour parler de sa douleur, comptent beaucoup.

Un jour, j'enterrais Johan, victime à vingt ans d'un accident de moto. L'église débordait de ses potes, certains avaient même le pétard à la bouche au portail d'entrée ! Ma liturgie a été inédite : des prières courtes et un dialogue adapté à la juvénile assemblée. Ça m'a permis, au cimetière, de constater une certaine sérénité dans les regards. Que j'aie proclamé avec force que

Johan était vivant a permis à des jeunes de prendre le risque de croire que tout n'était pas fini. Même si, hors du cimetière, les pétards ont réapparu !

Les enfants face à la mort

Sur la route, une remorque emplie de tubes d'aluminium se détache. Les tubes, telles des flèches, transpercent mon beau-frère, André, et sa petite fille, Marine, dix ans. Indemne, ma sœur Malou assiste, horrifiée, à la tuerie.

Et pourtant, pour André et Marine, c'était leur dernier acte d'amour. Ils allaient, toutes affaires cessantes, voir ma mère hospitalisée depuis quelques heures.

J'arrive au plus vite après cette tragédie. Ma famille m'attendait. Pétrifiée. Exsangue.

Lors de l'enterrement, je décide, avec toute la famille, de mettre les enfants au cœur de la cérémonie religieuse. Dans l'église comble, débordant à l'extérieur, la liturgie commence. Aux premiers rangs, toute la classe de Marine est là, avec des foulards blancs, symboles de l'innocence. Les gosses, lentement, mettent l'un après l'autre une bougie sur les cercueils. Puis ils reviennent offrir un bouquet de fleurs à chacun des disparus. De leurs mains malhabiles, avec l'aide de leurs parents, ils encensent les corps.

J'appelle l'assistance, dont les nombreux enfants participant activement à la cérémonie, à applaudir la droiture exceptionnelle d'André et l'innocence de Marine. Une formidable ovation s'élève alors, enveloppant les cinq cents personnes pressées à l'extérieur contre le temple bourré à craquer.

Une liturgie, quoique liée à une tragédie sans nom, se doit de mettre nos enfants face à la mort. Et aux premiers rangs.

Mort d'un poète-loubard

Francisco était un poète-loubard. Ainsi se définissait-il. Avec ses trois frères, mineurs comme lui, il était la moitié du temps dans la rue, l'autre en prison. Je les défendais les uns après les autres et je passais un sacré temps à aller les voir à Fleury, les soutenir au tribunal ou les faire sortir de taule.

Il était passionné par Verlaine, Maupassant et Flaubert. Sa deuxième passion était de collectionner les portefeuilles au marché aux puces. Les portefeuilles des autres, bien entendu…

Un soir, armé pour la première fois, il est interpellé par des policiers, ainsi qu'un de ses complices. Il n'a pas tiré. Désarmé, il s'est rendu. Il est arrivé mort au commissariat, une balle dans le dos. Le rapport de police a noté qu'il s'était suicidé. Bizarrement, son copain algérien a été expulsé dans les huit jours. Il valait mieux, sans doute, pour le rapport, qu'aucune trace ne subsiste.

Je conserve les poèmes de Francisco et son merveilleux sourire gouailleur. Par sa verve et ses drôleries, il a égayé maintes soirées à la permanence. Quand il parlait, le silence se faisait. Seuls les rires éclatants de toute la bande rompaient le charme que ses paroles opéraient sur son auditoire.

> *Les hommes sont différents dans la vie, semblables dans la mort.*
>
> Lao Tseu

Oraison funèbre d'un tueur

Fabrice était un dur que sept ans de prison avaient cimenté dans la crainte des autres et le refus de donner sa confiance à quiconque. Ses yeux étaient deux disques de glace d'un bleu profond. Il ne souriait jamais et ne parlait que rarement.

Trois ans d'amitié l'avaient apprivoisé. On était devenus amis. Il réparait toutes les bagnoles à une vitesse qui me stupéfiait. C'était son talent et sa fierté. De ça, il pouvait parler. Il était imbattable. À tout appel pour ma voiture en panne, il venait dans l'heure qui suivait.

Un jour, il arrive et brièvement me demande de baptiser son fils, né quinze jours auparavant. Il était fou de joie. Enfin, le bonheur. On convient d'une date. Il part très vite, il a rendez-vous. Dix minutes plus tard, on m'avertit qu'il s'est fait descendre. Sept balles expédiées par deux tueurs à moto ne lui ont pas laissé une chance de sortir de sa voiture-cercueil. « Règlement de comptes », m'a dit un des policiers au cours de l'enquête de routine.

« De toute façon, quand ils s'entre-tuent, ça nous évite de faire le travail à leur place. On arrête l'enquête.

– Ça, c'est une oraison funèbre pour un tueur », ai-je répliqué au policier avant de tourner les talons.

À Dieu, Johnny…

Tu te souviens, Johnny, de ce bar où je t'avais vu pour la première fois ? Tu avais des cheveux blonds gominés et un blouson trop grand pour toi. C'était la cuirasse derrière laquelle tu cachais ta timidité. Ton prénom était Pascal, mais ton faux air à la Johnny m'avait donné l'idée de te nommer ainsi.

Ton visage est là maintenant devant moi, figé par la mort. Ils ne t'ont pas raté, les mecs qui te cherchaient des histoires pour une affaire de fille par laquelle tu n'étais même pas concerné. Ils t'ont interpellé en bas de l'immeuble où tu habites. Tu es descendu en ne sachant pas, dans l'insouciance de tes quinze ans, que ces jeunes allaient te tuer.

Tant de haine pour rien !

Ton père a voulu que je t'enterre. Je l'ai fait par amitié pour toi, Johnny, et puis aussi parce que je sais, le premier choc passé, que tu es vivant, que Dieu ne peut pas ne pas t'avoir déjà placé près de Lui, pour te réchauffer du feu de l'Amour qui ne s'éteint jamais.

La grande énigme du suicide

Onze mille décès par suicide se produisent en France chaque année. Soixante mille tentatives sont répertoriées chez les jeunes, dont huit cents partent vers l'éternité. La France est un des pays les plus touchés par ce fléau, par ce problème de société. Voulons-nous prévenir un geste fatal, ou alors démissionner et laisser un être qui souffre se balancer dans le vide ? Voulons-nous vraiment prévenir ce geste ? La question se pose, essentielle.

Le suicide est un sujet particulièrement délicat. Je l'aborde avec précaution parce qu'il résulte de drames, d'angoisses, de détresses. Ceux qui envisagent d'accomplir cet acte fatal doivent être secourus.

Qui d'entre nous n'a pas un jour pensé au suicide ? C'est une expérience que tout le monde connaît, probablement. Un moment difficile, une solitude mal vécue, un événement déstabilisant, le choc d'un deuil, et l'on peut y songer. Je préciserai que les jeunes sont capables de faire le saut de la mort sans réfléchir. Un adulte, généralement, mûrira sa décision. Pour un jeune, une mauvaise note suffit, ou une réflexion cinglante en public, un amour qui se dérobe…

Force destructrice

Un garçon de quinze ans rentre chez lui, pâle, la gueule en biais. Sa mère et son père qui regardent la télévision en mangeant l'accueillent : « As-tu vu la tronche que tu as ? Que s'est-il passé ? – Ma gonzesse est partie. » Sa mère hausse les épaules : « Pour une de partie, tu en retrouveras dix ! » Et son père de renchérir : « De toute façon, elle était moche, elle ne me plaisait pas. » Le gosse monte dans la chambre du père. Il trouve son pistolet. Ses parents entendent un claquement sec. Leur fils s'est tué. S'ils avaient pris une demi-heure pour discuter en éteignant la télévision, il serait encore vivant. Ne minimisons pas la force destructrice qu'un jeune peut renfermer par moments et l'attention extrême qu'il réclame.

> *La mort, ce secret qui appartiendra à tout le monde.*
>
> Claude Aveline

Un terrifiant testament

Il s'est jeté du haut de la plus haute tour de la ville au moment même où ses parents assistaient à la messe dominicale. Épouvantés, ils ont trouvé en rentrant à la maison son terrifiant testament.

« Je hais les gens, je hais la société, je hais l'Église, je hais les curés, je hais… » Son dernier message, haché par sa répugnance pour le monde dans lequel il vivait et les personnes qui l'habitaient, était bien en évidence sur son bureau.

Mon courrier d'été a été marqué par l'annonce du décès de plusieurs jeunes ayant choisi le vide mortel. Les parents désespérés m'ont écrit que ces suicides ont fait chavirer les certitudes qu'ils avaient longuement bâties. Des questions lancinantes les envahissent maintenant. Ne leur avons-nous pas assez donné ? Leur avons-nous trop donné ?

C'est sans doute autour de ces deux questions que nous devons réfléchir.

Apprivoiser notre peur

Ah ! la mort ! On calcule, on recalcule et l'on se dit : « Voyons, combien de temps il me reste ? » Autour de nous, les deuils se multiplient et nous ébranlent. Le cercle d'amis se rétrécit…

Parler de la mort n'est jamais facile, parler de la nôtre encore moins. Les progrès de la médecine prolongent certes notre espérance de vie, mais on sait que nous ne la vaincrons jamais.

« Je viendrai comme un voleur », a dit le Seigneur. Une personne m'a écrit que son enfant bien-aimé de deux mois était mort pendant son sommeil. Les parents d'une fille de treize ans m'écrivent qu'elle est morte d'une leucémie foudroyante. Que pouvons-nous dire ou faire, face à des cas comme ceux-ci ? Nous préparer mentalement est notre seule parade. C'est ce que j'aimerais vous aider à accomplir. Un ancien Père de l'Église disait : « L'homme qui garde sans cesse l'image de la mort devant les yeux surmontera toujours sa lâcheté. »

> *Ne sais-tu pas que la source de toutes les misères de l'homme, ce n'est pas la mort, mais la crainte de la mort ?*
>
> Épictète

« Veinard, tu vas savoir avant moi ! »

Tout petit, j'ai de mes yeux vu des Allemands brûler vifs dans leur voiture, à Limoges, et cela m'a énormément choqué. Au séminaire, on nous parlait beaucoup de la mort. Comment nous y préparer ? Je n'aurai pas le culot de vous demander d'y penser tous les jours. Mais une réflexion régulière nous aide immensément parce que, si l'on se dit que ce soir notre vie peut finir, on mettra une tout autre puissance dans ses gestes et ses actions.

Saint Jean Bosco rapporte que, lorsqu'on demandait à Dominique Savio, un de ses jeunes, ce qu'il ferait s'il devait mourir le soir même, ce dernier répliquait qu'il continuerait à jouer au ballon. Je trouve cette réponse magnifique parce qu'elle montre parfaitement qu'il se sentait prêt à mourir à tout moment.

Monique demandait à son mari très malade : « Sincèrement, as-tu peur de mourir ? » Jacques répondait avec un sourire : « Je suis tellement curieux qu'il me tarde de voir, enfin. » Sa femme lui répliquait, en larmes, mais non sans humour : « Tu es un veinard, Jacques, tu vas savoir avant moi. » Quand la mort inéluctable frappe un couple aussi uni, je trouve qu'il est beau de croire que nous allons vers quelqu'un qui s'appelle Dieu. Alors la mort n'est plus à craindre.

J'aimerais partager avec vous une citation qui m'a marqué : « À l'heure de la mort, c'est un enfant qui tombe dans les bras de son père. »

Testament d'un moine

C'est important de réfléchir profondément à la fois à sa propre mort et au sens de sa vie. Nous pouvons bouffer la vie à pleins tubes, à condition d'avoir des idéaux assez forts pour assumer la relativité des choses et garder conscience que nous sommes des passagers sur terre.

Tout le monde se pose un jour ou l'autre la question de l'après-mort. Certains pensent mollement qu'il existe peut-être quelque chose : « On verra bien. » Je pense qu'il vaudrait peut-être mieux s'en soucier avant.

Personnellement, j'ai bien aimé le testament du père de Chergé, l'un des sept moines assassinés à Tibhirine en Algérie. Un an avant le drame, il avait écrit : « J'aimerais le moment venu avoir ce laps de lucidité qui me permettrait de solliciter le pardon de Dieu. Cette vie perdue, totalement mienne et totalement leur, j'en rendrai grâce à Dieu qui semble l'avoir voulue tout entière pour cette joie-là, envers et contre tout. »

Quelle extraordinaire sérénité ! Quand je le rencontrais à Tibhirine, j'étais toujours frappé par l'éclat apaisé de son regard. Il était un vivant, un athlète de Dieu, prêt pour le grand bond vers l'au-delà.

> *Veillez donc, car vous ne savez quand viendra le maître de la maison, ou le soir, ou au milieu de la nuit, ou au chant du coq, ou le matin ; craignez qu'il ne vous trouve endormis, à son arrivée soudaine.*
> *Ce que je vous dis, je le dis à tous : veillez.*
>
> Marc XIII, 35-37

Vingt-quatre heures de plénitude

En repoussant la mort chaque jour plus loin, grâce à la médecine et aux multiples progrès de la science, nous atteignons un âge que l'on peut qualifier de fantasmé. Nous voulons toujours paraître plus jeunes. Combien de personnes m'ont demandé : « Quel âge me donnez-vous ? » Si j'ai envie de faire plaisir, je rabote dix ans. Si je me trompe et suppose un âge plus avancé, c'est la vexation assurée. Il a été calculé que douze ans au XVIIe siècle correspondent à vingt-cinq ans aujourd'hui.

Actuellement, on nous raconte que cinquante ans, c'est le milieu de la vie et qu'on peut la recommencer comme un adolescent. La réponse évangélique est la suivante : « Insensé, ce soir même ta vie te sera redemandée. »

Je vous recommande de vivre comme si vous deviez battre le record de longévité de Jeanne Calment, tout en vivant chaque jour comme si le soir même vous deviez casser votre pipe ! Si nous avions cela dans la tronche plus souvent, nous serions prêts à mourir. Nous vivrions autrement.

Chaque jour est unique comme une vie entière, et si nous devions éprouver une inquiétude, ce serait de ne pas l'avoir vécu pleinement. Si vous vivez pleinement, quel que soit votre âge, la pensée de la mort ne vous affectera pas. Vingt-quatre heures suffisent. Les remplir d'amour et de paix, jusqu'au dernier jour, prépare à notre fin, joyeusement.

N'ayez pas peur

J'ai connu une dame de quatre-vingt-deux ans qui venait à toutes mes messes mais refusait qu'on lui parle de la mort. N'ayez pas peur de Dieu, comptez sur Sa miséricorde. N'oubliez pas : Dieu nous attend, à n'importe quelle heure du jour et de la nuit. Ressentez la joie d'aller vers Lui. Et puis… les anges sont toujours là, ils seront là à l'heure de notre mort. « Que les anges te conduisent jusqu'au paradis », chantons-nous aux funérailles.

De nombreux croyants m'écrivent pour me dire qu'ils sont dans les ténèbres. C'est alors qu'il faut prier le plus. Dire au Seigneur que vous souffrez. C'est la plus superbe des prières.

Qui ne connaît l'angoisse et le désespoir ? Le Christ lui-même sur la croix n'a-t-il pas crié à son Père : « Mon Dieu, pourquoi m'as-Tu abandonné ? » Si le Fils de Dieu a prononcé ces paroles, nous pouvons nous aussi les exprimer. Puis nous reprendre aussitôt : « Non, c'est un mauvais moment. Tu es là, même dans le brouillard. »

> *Celui qui craint la mort perd la vie.*
>
> Proverbe roumain

Bon pour le ciel !

Je voudrais ici, en vous faisant sourire avec cette petite histoire, vous rassurer : le jour du grand passage, Dieu nous attendra avec Son Amour infini.

Un homme meurt et monte au ciel.

Saint Pierre vient à sa rencontre au seuil de la porte :

« Voici le règlement, explique-t-il au nouveau venu. Vous avez besoin de cent points pour entrer. Racontez-moi

ce que vous avez fait de bon dans votre vie et je vous accorderai un certain nombre de points pour chacune de ces actions, selon leur importance. Dès que vous atteignez cent points, vous êtes reçu au ciel !

– Très bien, répond notre homme. J'ai été marié avec la même femme pendant cinquante ans et je ne l'ai jamais trompée, même en pensée.

– Fantastique ! rétorque saint Pierre. Cela vaut bien trois points !

– Trois points seulement ? reprend l'homme. Bon... J'ai aussi été à la messe tous les dimanches. J'ai été très actif dans ma paroisse et j'ai payé régulièrement le denier du culte.

– Génial ! s'exclame saint Pierre. Cela vaut bien un point !

– Un point ? Autre chose : j'ai créé une soupe populaire dans ma ville et j'ai œuvré auprès des plus pauvres.

– Félicitations. Deux points en plus !

– Deux points ? s'écrie l'homme. À ce compte-là, mon seul espoir d'aller au ciel repose sur la grâce et la miséricorde de Dieu !

– Viens... Sois le bienvenu au paradis, dit saint Pierre. La miséricorde de Dieu, voilà les quatre-vingt-quatorze points qui te manquaient. »

Aux côtés de celui qui meurt

Si la mort nous effraie, nous aurons peur de voir quelqu'un mourir.

Une personne condamnée réclame une présence, elle a besoin d'écoute, elle attend une intimité humaine chaleureuse. Elle a peur d'ennuyer ses amis avec cette maladie qui la ronge, car elle voit parfaitement dans leurs yeux qu'ils savent qu'elle va mourir.

Nous sommes tellement préoccupés de nous-mêmes. Souvent nous parlons trop. Il ne faudrait rien dire. Ou demander naturellement, spontanément à la personne ce qu'elle vit. Sans charcuter le mourant sur l'évolution de son état. Sachons faire silence et attendre, en écoutant simplement. L'écoute profonde est le seul remède qui soulage le cœur. Le mourant parlera librement si l'on sait observer le silence. Faites silence et tenez la main.

Nous sommes bien souvent paumés. Par peur, nous parlons trop, ce qui augmente sans doute l'angoisse du mourant. La mort qui avance suscite un émoi profond en nous, et souvent le désir de fuir.

Personne n'aime parler de la mort

J'ai reçu cette lettre d'une élève infirmière atteinte d'une maladie mortelle. Elle s'adresse à ses camarades et à tous ceux qui ont pour rôle d'accompagner des mourants. Je vais vous en citer quelques passages qui m'ont particulièrement touché.

Je vais mourir. Je vous écris dans l'espoir que, par ce partage, vous serez plus capables d'aider ceux qui vivront la même expérience que moi. Personne n'aime parler de la mort. Les soins progressent. J'aimerais qu'ils aillent plus vite. Actuellement, on nous enseigne à ne pas nous montrer rassurants à tout prix, d'oublier le « tout va pour le mieux ». C'est très bien, mais il reste un vide immense. Une solitude terrible. Le malade mourant n'est plus considéré comme une personne, de ce fait les soignants ne communiquent pas vraiment avec lui.

Le mourant est le symbole de toutes les peurs humaines. Ne vous a-t-on pas enseigné en nursing psychiatrique qu'il fallait se connaître soi-même avant d'aider les autres ? Aujourd'hui, pour moi qui vais mourir, la peur est là.

C'est moi qui meurs. Vous vous glissez dans ma chambre et en ressortez. Vous m'apportez les médicaments. Vous prenez ma tension. Est-ce le fait que je sois élève infirmière ou le fait que je sois un être humain qui vous rend insécurisé ? Vous ne savez pas quoi dire ni faire. Mais, si vous savez ressentir, vous ne pouvez pas faire d'erreur.

Osez admettre que vous aimeriez faire quelque chose. Nous qui mourons, c'est ce que nous désirons. Nous pouvons demander « pourquoi » mais en fait nous n'attendons pas de réponse. Je vous en prie, ne vous en allez pas, ne quittez pas ma chambre, attendez. Tout ce que je voudrais savoir, c'est que quelqu'un sera là pour me tenir la main lorsque j'en aurai besoin. Vous savez, j'ai peur.

La mort peut devenir une routine pour vous, vous avez l'habitude. Mais la mort, c'est nouveau pour moi. Peut-être ne me considérez-vous pas comme unique, mais savez-vous que c'est la première fois que je meurs ? Pour moi, c'est unique. Vous chuchotez à propos de ma jeunesse, mais, lorsque l'on meurt, est-on encore jeune ? Il y a tant de choses dont je voudrais parler avec vous. Cela ne vous prendrait pas tellement plus de temps, vous avez beaucoup de soins à me donner. Si nous pouvions être honnêtes et admettre que nous avons peur, alors nous nous rapprocherions les uns des autres. Montrer que cela vous touche, est-ce que cela mettrait en danger votre image professionnelle ? Non, cela rendrait la mort moins difficile dans un hôpital, parce que je suis seule et que je sais que vous avez peur.

Cette élève infirmière écrivait alors qu'elle était en phase terminale. Elle soulignait que le mourant n'est pas assez considéré comme une personne. Elle avait besoin qu'on l'écoute. Nous comprenons qu'elle ne recevait pas le soutien moral et psychologique qu'elle attendait. Les autres infirmières et infirmiers avaient peur de voir mourir cette jeune femme, infirmière comme eux. Elle le dit bien, c'est la peur que la mort inspire qui est à l'origine de ce défaut de communication. Elle pose de sacrées questions.

> *Qu'emporteras-tu à ta mort ? Uniquement ce que tu auras donné.*
>
> Anonyme

« C'est vous qu'il voulait voir une dernière fois »

Seul devant son cercueil, je pleurais de remords.

La dernière expression de son visage me broyait le cœur. Je l'aimais tant ! À quel parcours du combattant ne m'avait-il pas contraint ! Je me souvenais de ces angoissantes journées, à Cannes, quand je partais à sa recherche alors qu'il était inconscient dans un bouge sordide, une aiguille enfoncée dans le bras. Je me souvenais de ces nuits où, assis sur cette borne que je reconnaîtrais entre mille, j'attendais anxieusement le bruit de sa mobylette pétaradante qui n'arrivait jamais à l'heure.

Il était là. Le combat était terminé. Sa beauté et son charme qui lui avaient attiré mille et un suffrages féminins avaient disparu. La terrible agonie qui n'en finissait plus avait transformé son visage d'Apollon en masque de vieillard. Mais ce qui me vrillait littéralement le cœur, c'était son dernier appel. Son visage tourné vers la porte de la chambre le criait.

Sa mère me l'avait dit à la morgue, juste avant que j'aille faire mes adieux à Gérard : « Mon fils vous attendait. Durant ses dernières heures, il tournait sans cesse la tête vers la porte. C'est vous qu'il voulait voir une dernière fois. » Oui, je pouvais lire sur son visage ce dernier appel dans le rictus amer qui meurtrissait jusqu'au fond de l'âme l'ami que j'avais été pour lui.

Sa vie d'adolescent s'était vite trouvée emportée par la pieuvre démoniaque de la drogue. J'avais lutté côte à côte avec Gérard. Combat de géant. Sans jamais baisser les bras. Mais c'est la pieuvre qui avait gagné.

Dès son hospitalisation, alors que l'irrémédiable était programmé, j'ai bondi et l'ai veillé. Quel bonheur sur son visage de crucifié quand je dormais à côté de son lit ! Miracle sans doute de l'amitié qui nous liait, une rémission extraordinaire s'amorça. Je baissai la garde et repartis vers d'autres brebis perdues.

On n'a pas réussi à me prévenir à temps.

J'étais là, mais lui n'était plus qu'un masque figé qui me reprochait durement de ne pas avoir mis ma main dans sa main au moment unique où l'autre rive s'approche.

« Laisse tout. Aucune urgence frappant à ta porte ne peut te retenir. Reste avec eux jusqu'au bout et accompagne-les de ton amour », voilà ce qui reste pour moi la règle absolue que Gérard m'a glissée au fond de l'oreille, au fond du cœur.

Une de mes prières préférées est de supplier Dieu pour ceux et celles qui meurent seuls. En attendant, laissons tout pour celui ou celle qui s'en va. Notre présence est inestimable.

Pedro, un ami prêtre, a magnifiquement témoigné en ce sens. Il a veillé un jeune agonisant durant ses onze derniers jours. Quelques heures avant sa mort, le jeune lui a murmuré : « Pedro, je croyais que Dieu n'existait pas. Ta présence à mes côtés me prouve absolument qu'Il existe. »

> *La mort n'a que douceur pour une âme chrétienne.*
>
> Pierre Corneille

Prier pour que la fin arrive

Il va mourir. Et il le sait. Je n'oublierai jamais le jour où le diagnostic lui a été annoncé.

Il m'a demandé de l'accompagner à l'hôpital…

Juste avant, il m'a fixé. Ses yeux profonds me vrillaient. Longtemps, longtemps. Son regard indiciblement émouvant m'a touché au fond de l'âme.

Et puis il est entré pour la consultation.

En sortant, il avait les yeux rivés à terre. J'avais compris.

C'est bien après qu'il m'a dit, au cours du repas qui a suivi : « C'est foutu ! Je ne me soignerai pas. J'irai jusqu'au bout comme ça. »

J'ai tenté de l'aider à revenir sur sa décision. En vain. Alors je me suis tu. Il ne me restait plus qu'à demeurer auprès de lui. Le plus souvent possible. Le plus silencieusement possible.

Le plus dur, c'est quand il m'a demandé de prier pour que la fin arrive vite. Je n'ai pas osé. Je pleurais, le soir dans mon lit, d'impuissance et de désarroi.

Et puis le lendemain, rasséréné, j'ai accepté. En effet, il a soudain prononcé la phrase du « Notre Père » qu'il m'avait entendu dire tant de fois aux messes où il me suivait : « Que Ta volonté soit faite sur la terre comme au ciel. »

Je l'ai redite avec lui, lentement.

C'est un grand mystère que d'accompagner celui ou celle qui part vers la Lumière, en plein brouillard, en pleine jeunesse. C'est un écartèlement. C'est une route inconnue aussi. Parce qu'être là, toute affaire cessante, c'est bousiller son emploi du temps. Et notre entourage ne comprend pas toujours. C'est une grâce déchirante.

Le sacrement de l'amitié

Après lui avoir longtemps écrit en prison, il m'a répondu un jour : « Ne signe plus ton frère, mais ton ami. »

J'ai accédé avec joie à son désir. Et aujourd'hui, je suis chez lui.

Il a ouvert le petit coffre où il a réuni toutes mes cartes reçues en prison. On les regarde ensemble en se remémorant les péripéties de sa vie particulièrement difficile.

Je l'ai connu avec son frère jumeau, il y a vingt-cinq ans, lorsque le juge me les a confiés. Je les ai suivis longuement au travers d'un chemin périlleux, bien au-delà de leur accession à l'âge adulte.

Jumeaux parfaits, je les reconnaissais difficilement. Impossible de les mettre ensemble à la Bergerie. Un mois l'un, un mois l'autre. C'était la condition d'une progression assurée pour chacun d'eux. Car ensemble ils étaient invivables pour la communauté.

Un soir de Noël, l'un d'eux décède brutalement, laissant l'autre anéanti.

Stef a survécu grâce à l'amour d'une femme admirable qui l'a soutenu avec une patience de tous les instants.

Je suis là avec lui, aujourd'hui, quelques jours avant Noël. Un cancer généralisé le dévore. Le diagnostic du docteur ne lui a donné que quelques semaines d'embellie avant l'échéance finale.

Je fonce alors le rejoindre. Sa maigreur est stupéfiante, mais son moral intact. Il a décidé de lutter jusqu'au bout contre ce « crabe » qui l'a envahi. Son verbe et ses lettres l'affirment bellement.

Ils sont mariés civilement depuis vingt et un ans, et je leur propose de les bénir pour authentifier leur amour. Ils acceptent avec joie. Tendrement, ils se passent leurs anneaux respectifs. Alexandra me dit : « Il n'y a pas de témoins... – Mais si, lui répond Stef, mes quatre chats suffiront. » Va pour les chats ! Je leur demande s'ils veulent recevoir le sacrement des malades. Les deux acceptent. Cérémonie courte où je les signe de l'huile sainte des malades en priant Dieu de les accompagner dans l'épreuve.

Le peuple de la rue, notamment les anciens, bute contre l'évangélisation directe. Je me suis astreint à me taire depuis tant d'années, après la réflexion de l'un d'eux à qui je parlais de Dieu-Amour. « L'amour n'existe pas. Depuis tout petit, je n'étais rien pour ceux qui m'ont élevé, sauf un emmerdeur », fut sa réponse.

Rester longtemps au cœur de leur vie éclatée, en les épaulant sans jamais les lâcher, est pour eux ma seule réponse à laquelle ils adhèrent, celle qui les soutient.

Oui, après tant d'années avec eux, je crois que le sacrement de l'amitié est le seul auquel ils croient.

Stef, je resterai à tes côtés, jusqu'au bout.

« La soutane arrive, on va crever ! »

Quand on sent que la mort n'est plus très loin, il est important de partir en paix. Le sacrement des malades est là pour y aider. Dans le passé, l'extrême-onction signifiait : « La soutane arrive, on va crever. » D'ailleurs, pour ne pas effrayer le mourant, on appelait le curé juste après le dernier soupir. Sinon, c'était le squelette et sa faux qui débarquaient en même temps que le prêtre !

L'extrême-onction n'est pas le sacrement des morts, mais celui des vivants qui souffrent dans leur corps, dans leur cœur, dans leur esprit. Ce sacrement entraîne parfois une rémission importante. Il apaise, surtout, car il apporte le pardon des péchés. Un aumônier disait qu'il avait donné le sacrement des malades à un vieil homme à demi conscient. Huit jours plus tard, la famille le convoquait de nouveau pour constater que le mourant allait mieux. « Si vous saviez comme il est heureux ! » Il faut néanmoins rejeter tout aspect magique. Il ne s'agit que d'une paix intérieure très forte. Dans la bouche des malades, on entend des mots comme : « joie », « paix », « force du Seigneur ».

Dans beaucoup de paroisses se tient une célébration communautaire du sacrement des malades. C'est l'occasion de vivre une solidarité concrète entre malades et bien-portants. Je rends hommage à tous ceux qui engagent leur vie auprès des souffrants : aides-soignants, infirmières, médecins, visiteurs et équipes pastorales des hôpitaux.

« Maman, tu seras ce soir à la maison »

Ma mère a tellement compté dans ma vie, elle m'a apporté un amour infini, en toutes occasions. C'est pourquoi j'ai beaucoup prié Dieu pour pouvoir être là quand elle partirait.

J'étais venu la rejoindre, les nouvelles n'avaient pas été bonnes. En arrivant, je sentis que l'agonie commençait et pourtant, bizarrement, j'étais tranquillisé. Le mardi, d'un seul coup, sans que je sache pourquoi, pressé de la voir, je fonce à son chevet. Plusieurs de mes frères et sœurs étaient là. Il y avait eu une rémission dans la matinée. L'infirmier nous dit : « Votre mère tente de parler depuis cinq à six jours, elle est très fatiguée. Deux minutes chacun, c'est tout ! »

Je refusai et décidai de rester avec elle nuit et jour s'il le fallait. Je lui demandai : « Écoute, maman, tu veux revenir à la maison, c'est ça ? » Je vis qu'elle ouvrait les yeux. Je continuai : « Maman, ouvre bien les yeux et ferme-les deux fois pour oui. » Ce qu'elle fit. Pour confirmation, je lui dis : « Serre-moi la main » et, de sa seule main valide, elle a nettement serré. J'ai répondu : « OK, maman, tu seras ce soir à la maison. » Elle s'est apaisée.

J'étais seul et, d'un coup, me vint l'impulsion de la bénir : « Je te bénis, maman, pour tout l'amour que tu nous as donné. Il est passé en nous et nous n'aurons de cesse de le redonner. » Elle est morte à cet instant-là. J'avais soixante-huit ans, mais j'ai pleuré comme un gosse.

Deux heures après, comme je le lui avais promis, elle était à la maison. Morte, mais à la maison. En entrant dans le jardin, je vis les mésanges qu'elle aimait tant. Les oiseaux grappillaient les graines qu'elle avait fait mettre dans des corbeilles.

Ces dix minutes passées auprès de ma mère et son départ soudain sont un sourire de Dieu. Le fameux « Demandez et vous recevrez » est parfois exaucé de façon vertigineuse. À mes yeux, et après tout ce qu'elle m'a donné, ce fut une grâce de voir mourir ma mère et de la prendre dans mes bras.

La douloureuse question de l'euthanasie

Nous sommes tous bouleversés actuellement par le cas de Vincent Lambert qui, tétraplégique et dans le coma sans espoir de retour, est prolongé artificiellement à l'hôpital de Reims. Ses parents souhaitent son maintien en vie et ont demandé au tribunal de statuer en leur faveur, tandis que son épouse Rachel considère que « le laisser partir est l'ultime preuve d'amour qu'on peut lui apporter ». Ce cas divise la famille, ainsi que toute la France.

Nous avons aussi en mémoire des cas très difficiles comme ceux de Chantal Sébire et Vincent Humbert, dont les maladies les faisaient tant souffrir qu'ils suppliaient les médecins de les délivrer en leur donnant la mort. Toute l'opinion publique était de leur côté et, avec raison, ne les a pas jugés.

Comment réagir quand l'un de nos proches est dans cette situation si complexe ?

La conscience des médecins

Il semblerait que seuls quelques médecins seraient prêts à administrer une piqûre létale pour abréger des souffrances terribles, et que l'ensemble du corps médical ne suivrait pas forcément. Le fameux serment d'Hippocrate que font tous les médecins ne leur demande-t-il pas de préserver la vie de leurs patients jusqu'au bout, quoi qu'il arrive ? Un infirmier m'a dit récemment : « Le docteur m'a demandé de faire une piqûre pour achever un malade, j'ai refusé. »

Un jour, j'ai tenu une conférence devant des médecins. Je leur ai dit : « C'est votre conscience qui doit vous guider, ne réagissez pas trop vite devant l'émotion. » L'un d'entre eux est venu me remercier de cet appel à leur responsabilité. Par leur souffrance, certains malades doivent donner mauvaise conscience aux médecins. D'un autre côté, ils sont aussi tentés de les délivrer, par exemple pour faire de la place dans les lits d'hôpitaux quand les services sont surchargés. Il y a beaucoup de cas qui dépendent de l'honnêteté des médecins, de leurs convictions.

Respecter la dignité, jusqu'au bout

Comment respecter la dignité de la personne jusqu'au bout ? Si elle demande à partir, il faut une décision collective, mêlant la famille et les médecins. Contrairement à ce qui se pratique en Suisse où l'État est plus souple, chez nous, la loi Leonetti de 2005 précise qu'on ne peut donner délibérément la mort. Elle fixe des limites à ne pas dépasser dans le cas de traitements médicaux lourds. Elle stipule néanmoins qu'on doit privilégier les soins palliatifs, même si ceux-ci auront pour effet secondaire de provoquer la mort. Sont ainsi prévues un ensemble de pratiques interdisciplinaires destinées à prendre en charge la douleur physique et psychique du malade jusqu'au bout. C'est une bonne loi, qui satisfait à la fois l'État et l'Église, une loi très humaine, qui interdit tout acharnement thérapeutique si le patient et sa famille désirent arrêter le traitement.

L'importance des soins palliatifs

Le problème majeur en France, c'est qu'il n'y a pas assez de personnes formées aux soins palliatifs. Selon une étude de l'Igas, en bénéficient à l'hôpital seulement 20 % des 150 000 à 200 000 Français qui en auraient besoin pour leurs derniers jours, car il faudrait doubler le nombre de lits consacrés à ces soins. C'est la cause de beaucoup de souffrances inutiles et, par la suite, de nombreuses demandes pour les abréger. Si on savait mieux calmer la douleur, si on disposait de plus de personnel dans les services pour accompagner et assister les malades, on serait plus disposé à laisser venir la mort à son heure.

Et si quelqu'un souhaite mourir

Comment peut-on savoir si quelqu'un veut vraiment mourir ? Cela dépend de beaucoup de facteurs. En un jour de souffrance et de découragement, un malade peut exprimer sa volonté d'être délivré, et puis le lendemain, quand ça va mieux, il est heureux d'être encore en vie, soulagé qu'on ne l'ait pas écouté la veille. C'est une question très compliquée.

Comment peut-on savoir si quelqu'un est déterminé à choisir l'autodélivrance ? Je me pose personnellement beaucoup de questions. Je suis contre le suicide ou l'aide au suicide, mais parfois, face à un tel manque d'appétit de vivre, je me tais devant la complexité de la situation.

Vous ne savez ni le jour ni l'heure

Dieu demande que l'on ne se fixe pas un jour précis pour quitter ce monde. « Vous ne savez ni le jour ni l'heure », lit-on dans l'Évangile (Matthieu XXV, 13). Dire que nous passons tous les ans une journée d'anniversaire de notre future mort et que nous n'avons pas la possibilité de la fêter ! Je ne veux pas savoir à quelle date je devrai avaler mon bulletin de naissance ! Il faut toujours encourager et protéger la vie, c'est notre bien le plus précieux. Il faut entourer ceux qui ont des idées de suicide. J'écris beaucoup aux prisonniers, par exemple. Ceux qui subissent de longues peines – plus de vingt ans – sont désespérés, ne voient pas le bout du tunnel, pensent souvent mettre fin à leurs jours. Ils vivent dans une solitude extrême. Je leur écris, et ce simple geste les soulage. Certains m'ont dit que mes courriers les avaient rattachés à la vie.

Il y a aussi le cas de personnes très malades qui ne sont plus en état d'exprimer leur souhait. Que décider quand un être est dans le coma depuis dix ans après un accident, qu'il est réduit à une vie végétative ? Quel est le sens d'une vie comme celle-là ? Sommes-nous autorisés à l'abréger ? On se sent alors bien seul et impuissant…

Des mots, des gestes, des sourires

Les malades ont surtout besoin de réconfort, de présence, de mots, de gestes, de sourires, d'attention… C'est la solitude plus que la souffrance parfois qui mène certains à ne plus vouloir vivre. Anne Richard, la présidente de la Société française d'accompagnement et de soins palliatifs, le dit bien : « Globalement nos patients ont envie de vivre. Quand on élimine la douleur ou l'angoisse, la demande d'euthanasie cesse. »

J'ai été frappé un jour par le témoignage d'une infirmière qui disait que beaucoup de malades étaient seuls, que personne ne les touchait plus. Alors elle n'hésitait pas à les caresser, les masser, leur témoigner des gestes d'affection. Leur quotidien en était changé, leur visage retrouvait le sourire.

Une solidarité sans faille

Il nous faut assurer une solidarité sans faille. Nous sommes dans un monde égoïste qui ne cesse d'accélérer. On ne pense qu'à soi. « Ce vieux-là, si malade et inutile, et si on l'aidait à partir ? Cela le délivrerait et pour nous ce serait plus simple, non ? » Voilà le raisonnement de beaucoup, dans les familles et les hôpitaux. Un raisonnement bien typique de notre putain d'époque qui piétine ceux dont on a l'impression qu'ils ne servent plus à rien ni à personne…

Les problèmes sont profonds et complexes, ils ne peuvent être résolus par des piqûres. Les êtres humains ne doivent pas être traités comme de vieux chiens qu'on fait supprimer par son vétérinaire. À nous d'accompagner nos malades jusqu'au bout, d'insister pour que diminuent leurs souffrances, d'écouter nos consciences, de leur exprimer beaucoup d'amour et de compassion. Alors nous serons des êtres lumineux, nous serons des phares pour l'humanité.

Après la mort d'un proche

Comment supporter la mort d'un proche ? C'est un moment difficile, surtout quand c'est son amour qui s'en va. Où est-il, où est-elle ? C'est la question qu'on se pose au bord du cercueil, en regardant celui ou celle qu'on a aimés. Dans mon travail d'éducateur, j'ai vu mourir de manière violente une quarantaine de mes jeunes. C'est terrible de contempler une dernière fois ces visages, de se dire que cet être était fait pour aimer, pour être aimé, et qu'il est parti brutalement.

La question se pose toujours : son corps est là, mais lui, où est-il maintenant ? Chaque mort doit nous reconstruire, nous mettre en face de notre propre vie, si précieuse, à ne pas rater.

Un tremblement de vie

Quoi que l'on fasse, lorsque l'on est confronté à la disparition d'un être cher, on regrette toujours quelque chose : ne pas lui avoir rendu visite plus souvent à l'hôpital, ne pas lui avoir téléphoné... On se dit qu'on ne l'a pas assez aimé et l'on se culpabilise.

Une femme reprochait à sa sœur : « Voilà seulement trois semaines que nous avons enterré notre mère. Comment fais-tu pour reprendre une vie normale ? Moi, je n'y arrive pas. La nuit, les souvenirs m'assaillent. Je suis pleine de remords. J'ai été dure toutes ces années avec maman. Elle me l'a certes bien rendu... J'aimerais tout effacer, remonter le temps, redonner une chance à notre relation. Quand on a mis maman en maison de repos après son opération, a-t-elle cru qu'on l'abandonnait ? Je n'ai pas voulu entendre ses protestations. J'aurais dû passer la voir plus souvent... Elle est partie sans me laisser le temps de lui dire : "Maman, je t'aime." Je n'ai pas su ou je n'ai pas pu. Et maintenant tout se brouille... »

À la perte d'un proche, je me suis souvent reproché de ne pas l'avoir aimé davantage. Au-delà de la souffrance affective, la mort de quelqu'un de cher provoque en nous un tremblement de vie.

Le syndrome du survivant

Lors du tsunami indonésien, je lisais dans la presse des témoignages de personnes qui avaient miraculeusement survécu. Beaucoup d'entre elles se sentaient coupables. Coupables de vivre encore. Combien de réchappés des camps de la mort ont ressenti ce syndrome dit « du survivant » ! Concernant nos parents, on se demande qui ils étaient. On se demande aussi qui nous étions en vérité par rapport à eux. Avec ce sentiment, toujours, d'être « passé à côté ».

Le manque d'un être pour toujours, l'absence définitive… comment le supporter ? Combien d'entre nous ne parviennent pas à se séparer de l'image du vivant qu'ils ont connu ? Chez d'autres, le deuil s'estompe progressivement. Il y a deux attitudes : soit l'on s'agrippe au passé et l'on ressasse sans cesse : « Ah ! Si j'avais su… », même si l'on admet que l'autre ne reviendra jamais, que l'on ne retournera jamais en arrière. Le mal qu'on a pu causer à cet être est fait, c'est trop tard pour y changer quelque chose. Soit on se reprend et on s'avoue : « D'accord, je n'ai pas été aussi bien avec lui que je l'aurais dû, mais je vais essayer d'être beaucoup mieux avec ceux qui restent. »

> *Dès qu'un mort repose, laisse reposer sa mémoire, console-toi de lui dès que son esprit est parti.*
>
> Ecclésiastique XXXVIII, 23

Le détachement

L'examen « de confiance » consiste à se convaincre que l'amour est plus grand que notre cœur. « Je n'ai perdu aucun de ceux que tu m'as confiés », disait le Christ à son Père. Il est utile de regarder en arrière. Une bonne confession peut permettre d'exprimer sa vérité : on a vraiment été un salaud avec son père ou sa tante, et puis la libération vient par le détachement du regard sur soi. Parce que l'on se regarde trop dans ces moments-là. Un être cher meurt et l'on se scrute tellement soi-même qu'il devient impossible de supporter cette absence.

Vous avez fait souffrir la personne disparue ? Soit ! Ainsi donc vous n'êtes pas meilleur que les autres. Mais si vous croyez à la miséricorde de Dieu, Il sera là pour vous consoler. Sainte Thérèse d'Avila disait que notre péché est un grain de sable parmi des milliards sur les immenses plages de la miséricorde de Dieu…

Accepter nos limites

On ressent parfois de la colère contre soi ou contre le défunt s'il est parti sans qu'on ait pu communiquer. La mort amplifie la culpabilité. Les gens peuvent rester dépressifs pendant des années parce qu'ils n'ont pas su dire ce qui devait être dit. Il faut savoir accepter ses limites et les limites de ceux qui partent. Nous sommes des êtres imparfaits. Chacun a sa part de responsabilité dans une relation. Après un décès, en parler avec quelqu'un est très important. En parler à Dieu, aussi.

La réconciliation peut se faire après la mort. Nous pouvons nous adresser à nos morts, ils nous répondront par d'autres moyens que par la parole. Pour un chrétien, la relation passe par la prière.

Plusieurs fois, des femmes qui se sont fait avorter m'ont dit qu'elles vivaient des moments difficiles, consécutifs à l'expulsion de cet enfant de leur ventre. Je leur dis chaque fois : « Prie pour ton ange. » Je leur conseille de lui donner un nom de baptême, ou un surnom, celui qui leur convient.

Une nouvelle relation

La mort renouvelle la relation. Une autre relation apparaît pour que le mal n'ait pas le dernier mot. Une personne très proche avec qui je ne m'entendais pas très bien était morte et je me disais que j'aurais tout de même pu me comporter mieux avec elle. Cela a duré des années. Je me répétais régulièrement : « Tu n'as pas été bien, mais il n'a pas été correct non plus… » Jusqu'à ce que je me rende compte que je ne nommais jamais cette personne dans le mémento des morts. Un jour, j'ai pensé que je pourrais au moins prononcer son prénom pendant ce moment de souvenir. C'est ce que j'ai fait, et je vous assure que la paix est revenue en moi très rapidement. J'ai demandé au Seigneur : « Prie pour lui. » Ce que je n'arrivais pas à faire, le Seigneur l'a fait pour moi parce que je le Lui demandais. J'eus alors la conscience intime que je m'étais réconcilié avec le disparu par-delà la vie et la mort.

« Cherchez-nous dans la joie »

Une femme avait eu un fils qui s'était suicidé, elle ne parvenait plus à articuler son prénom, et puis un jour je l'ai entendue prononcer : Laurent. « J'ai ressenti un bien fou », m'a-t-elle confié plus tard. Elle avait nié cette mort, elle avait voulu que personne n'en sache rien. Et un jour elle a dit le prénom. Alors le souvenir s'est apaisé.

Au sujet des disparus, écoutons un grand mystique soufi : « Quand vous nous chercherez, cherchez-nous dans la joie car nous sommes les habitants du monde de la joie. » C'était un croyant musulman, mais nous pouvons dire la même chose, nous chrétiens. Si nous croyons vraiment que l'autre est parti en Dieu, il est dans la joie de Dieu.

J'ai souvent assuré à des mères qui avaient perdu un enfant ou un mari : « Il te fait un bisou le soir, sur ton front. » J'ai vu des femmes consolées par cette parole.

> *Une circonstance imaginaire qu'il nous plaît d'ajouter à nos afflictions, c'est de croire que nous serons inconsolables.*
>
> Bernard Fontenelle

Se reconstruire après la mort de son conjoint

À la Saint-Valentin, j'ai toujours une pensée pour les amoureux, mais surtout pour les veufs et les veuves. Certains vont moins mal quelques mois plus tard. Pour d'autres, il faut de longues années. Chaque vécu est totalement différent.

Le conjoint étant parti, il vous reste des enfants qu'il faut entretenir dans l'amour de celui ou celle qui est parti(e). C'est important de ne pas vivre seule à ce moment-là. Il faut trouver des amitiés et, pourquoi pas, un amour. On découvre alors la richesse des échanges. Et surtout on apprend à rester vivant. On entretient le souvenir extraordinaire d'un amour merveilleux, mais la vie continue.

Contrôlez mieux votre douleur

Un deuil « harmonieux » signifie que vous êtes changé intérieurement à trois niveaux : dans votre relation à vous-même, dans votre relation à la personne disparue et dans votre relation au monde et aux autres. N'évitez pas ce qui est difficile ou douloureux. Contrôlez mieux votre douleur pour qu'elle ne vous contrôle plus. Acceptez aussi d'être heureux, d'éprouver du plaisir, du désir, de la joie… sans vous sentir coupable. Il faut accepter les changements survenus dans votre vie à la suite d'un décès, et savoir accueillir les émotions de son deuil lorsque les circonstances les réactivent (les anniversaires, Noël, le jour où on s'est rencontrés…). Conservez certains rituels personnels, renoncez à d'autres. Que toutes vos pensées ne soient pas accaparées par l'autre. Et que le Seigneur vous aide, parce que c'est une rude épreuve. Demandez à Dieu la grâce, parce que Lui est fidèle et vivant. Quand on a réussi à surmonter la mort de son conjoint, on est prêt à accepter de s'investir à nouveau dans la vie. Combien ne peuvent pas aimer une autre personne que celui ou celle qu'ils aimaient tant ? J'admire aussi cette forme de fidélité. Ils n'ont eu qu'un être aimé dans leur vie et ils n'en veulent pas d'autre. C'est très dur. Mais c'est très beau.

La personne veuve, si elle est encore jeune, a plus de difficultés à surmonter le deuil parce qu'elle ressent une culpabilité supplémentaire : la peur d'oublier son conjoint. Elle veut continuer à vivre sans jamais oublier « leur » histoire. Si je me remarie, le trahirai-je ?

Elle a peur aussi de souffrir. Elle peut refuser le risque de re-aimer, un peu comme dans le divorce. Mais des grâces existent. Une voie se ferme, d'autres s'ouvrent.

Remettre des adolescents sur la route

Je pense à un fait que j'ai vécu. Dans une paroisse de montagne où je venais célébrer, le curé me demande : « Tu diras la messe pour un homme, Michel, qui est mort. Un mec assez jeune. Accident de voiture. La femme est traumatisée. Mais c'est surtout le gosse, Romain. Ses résultats scolaires sont catastrophiques… » J'avais préparé un sermon sur la Sainte Vierge que je bazarde à la dernière minute, et je réfléchis : « C'est Romain l'important. Je vais lui parler. » Alors j'ai fait mon sermon sur la mort, en m'adressant directement au gosse : « Ton père est mort, c'est terrible pour toi, il est mort très jeune, il faut que tu vives avec lui. Pense à ton père, Romain, quand tu fais tes devoirs. Il a le regard au-dessus de ta copie. Pense bien à ça. Il te regarde, il sera fier de toi. Si tu ne branles plus rien, ton père va désespérer là-haut ! »

Nous l'avons accueilli durant l'été suivant à Faucon. Il a été remarquable dans la communauté. Ce sont des petits gestes, rien de miraculeux là-dedans. Mais dès que je happe dans des rencontres fortuites des détresses adolescentes, j'essaie d'être là. Je ne suis qu'une pierre parmi d'autres. Toutes les pierres sont indispensables dans la construction d'un adolescent sans père.

Je ne travaille pas exclusivement avec des loubards. Certes ils sont prioritaires. Mais quand je vois au cours de mes rencontres des « Romain », alors j'interviens autant que je peux le faire. L'image paternelle est essentielle. Que la mère de Romain me dise : « Cette rencontre a beaucoup aidé mon fils durant l'année », c'est pour moi une année de gagnée.

L'important, dans ma démarche, c'est que des adultes se sont mis en marche dans le petit village pour être, eux aussi, des pierres d'angle, des rocs. Jamais on ne sera assez nombreux pour veiller sur des adolescents aux père et mère décédés ou lointains, dépassés ou indifférents.

On ne saura jamais combien un petit geste, une attention prioritaire, une écoute prolongée peuvent être déterminants pour remettre sur la route des adolescents fragilisés par un décès.

Bondir vers les vivants pour mieux les aimer

Si vous avez une conception infinie de Dieu, vous vous rapprocherez formidablement des personnes. Si Dieu est trop lointain, nous serons loin aussi des autres.

Aimons par l'au-delà si nous n'avons pas su le faire ici-bas.

Et que nos regrets ne soient jamais éternels.

Seules les plaques des cimetières peuvent afficher une telle pensée.

Regrettons d'avoir parfois été moches envers celui ou celle qui nous a quittés, mais que cette disparition nous aide à bondir vers les vivants pour mieux les aimer.

Alors chaque deuil fera gravir une marche de plus sur la voie qui fera de la vie une oasis d'amour.

La force de l'espérance chrétienne

Nous, prêtres, ne parlons pas assez de la mort et de la résurrection. Pourtant notre religion est la plus charnelle de toutes : pour nous, les hommes, le Fils de Dieu s'est fait chair. Il a accepté de mourir pour ressusciter. Il nous a montré le chemin tout en ayant lui-même une peur bien humaine de la mort, lorsqu'il a dit à son Père : « Éloigne de moi ce calice… »

Si je crois à quelque chose de prodigieux après la mort, c'est bien à l'Amour que je trouverai. Si Dieu nous accorde la sensation de l'amour sur terre, c'est pour nous préparer à l'Amour infini. Souvent, devant des paysages splendides, je me dis que ce sera infiniment plus beau là-haut. Ici, je n'ai que les yeux de la terre, je n'ai que les oreilles de la terre, je n'ai que les pieds de la terre. Là-haut, les choses seront tellement plus belles.

La mort m'apparaît comme une rencontre sublime que j'attends, pas du tout avec impatience, quand elle voudra… Ce que j'aimerais, c'est la voir venir. Oui. Et pas trop souffrir, non… quand même. Mais la voir venir et pouvoir dire à Dieu, sentant qu'elle s'approche : « Je T'attendais ! »

Jésus vainqueur de la mort

Jésus est vainqueur de la mort. C'est la puissance du chrétien. « Que la mémoire de la mort soit présente quand tu t'endors et quand tu t'éveilles. Ainsi seras-tu gardé pendant ton sommeil », recommandait un Père de l'Église.

Imaginez qu'en tombant dans les bras de Morphée vous pensiez : « Seigneur, je T'aime », et que vous fassiez de même aussitôt éveillé…

Une très belle parole de Jean Chrysostome dit : « Celui qui prie dans l'angoisse pourra, après la prière, connaître dans son âme une grande joie. » Ceux qui meurent ou ceux qui savent leur heure programmée peuvent penser que, même dans leur angoisse, le Seigneur est là plus que jamais.

Comment les morts revivent, ou la communion des saints

À chaque Eucharistie, j'explique brièvement ces trois mots : la « communion des saints ». Les croyants récitant le « Credo » disent qu'ils y croient mais beaucoup ne savent pas la force de ce qu'ils affirment.

Pendant le memento des morts, j'explique : « L'âme de vos morts est ici dans votre église. C'est la plus grande prière qu'on peut leur offrir maintenant, pour la paix de leur âme. S'ils sont au purgatoire, c'est la plus lumineuse intercession pour les délivrer. Alors prononcez, si vous le désirez, à voix haute, le prénom d'un être cher pour partager votre souffrance et votre espérance. »

Certaines églises restent pratiquement muettes, quelques noms sont lancés timidement. D'autres éclatent de prénoms jaillissant avec force. J'ai entendu plusieurs fois des personnes me dire que le prénom prononcé à pleine voix d'un de leurs enfants ou d'un membre de leur famille avait été pour elles un cri apaisant et lumineux.

C'est un bref moment de réconfort pour ceux et celles qui souffrent de l'absence du disparu. C'est la joie du croyant d'être mystérieusement uni à ce moment-là à la personne aimée, la joie aussi du ciel qui répond à notre appel. Et celle de Dieu qui aime, au-delà de tout, chaque être humain, mort ou vivant.

La puissance de l'Eucharistie est inégalable à cet instant précis. La résurrection est proclamée, quels que soient nos hésitations et nos doutes. L'espérance de l'au-delà peut entrer dans notre cœur. Elle est alors pleinement affirmée par ceux et celles qui croient à la résurrection.

Dieu est mendiant de notre amour

Quand la mort frappe, il est beau de savoir que nous allons vers quelqu'un qui s'appelle Dieu. Alors la mort n'est plus à craindre. Dieu est un mendiant de notre amour. Il attend à la porte de chacun d'entre nous avec une patience infinie.

Le Christ sera en agonie jusqu'à la fin du monde, avec tous ceux qui souffrent et qui meurent maintenant.

La mort sera une merveilleuse rencontre avec celui que nous avons tant aimé sur terre, et qui nous a aimés. À ceux qui refusent la mort, je dis simplement : « La plus grande aventure de la vie, c'est l'amour. Un magicien prodigieux que nous, chrétiens, appelons Dieu-Amour, nous a créés, nous a faits pour aimer. Dites donc, ce serait un sacré pourri s'Il nous avait mis sur terre et qu'ensuite, à la mort, tout soit terminé. Ce serait illogique et particulièrement cruel que Celui qui a créé la personne humaine la sépare définitivement après la mort de ceux et celles qu'elle a aimés. Il est dit dans la tradition de l'Église qu'une fois que nous aurons quitté cette terre, nous retrouverons en priorité tous ceux qui nous attendent et qu'on a aimés. »

> *Ce qui donne un sens à la vie donne un sens à la mort.*
> Antoine de Saint-Exupéry

La mort n'est rien

La mort n'est rien, je suis seulement passé dans la pièce à côté.
Je suis moi. Vous êtes vous.
Ce que j'étais pour vous, je le suis toujours.
Donnez-moi le nom que vous m'avez toujours donné,
Parlez-moi comme vous l'avez toujours fait,
N'employez pas un ton différent,
Ne prenez pas un air solennel ou triste.
Continuez à rire de ce qui nous faisait rire ensemble.
Priez, souriez, pensez à moi, priez pour moi.
Que mon nom soit prononcé à la maison comme il l'a toujours été,
Sans emphase d'aucune sorte, sans une trace d'ombre.
La vie signifie tout ce qu'elle a toujours été.
Le fil n'est pas coupé.
Pourquoi serais-je hors de vos pensées,
Simplement parce que je suis hors de votre vue ?
Je ne suis pas loin, juste de l'autre côté du chemin.

Chanoine Henry Scott-Holland (1847-1918)
(quelquefois attribué par erreur à Charles Péguy)

Un jour est comme mille ans

Nous croyons, nous chrétiens, en la résurrection. Mais lorsque nous fouillons, les choses se compliquent… « Comment les morts ressuscitent-ils ? Et avec quel corps reviennent-ils ? »

À méditer aussi la réflexion de ce jeune homme à qui le médecin venait d'apprendre qu'il était condamné : « Et me voilà devant cette évidence, la mort, maintenant, en face de moi. Après le premier choc passé, les premières larmes versées dans le secret de ma chambre, parce que l'on est humain et que l'on reste un humain, ces mots de la Bible se sont insinués dans ma tête et ne me quittent plus : "Pour Dieu, mille ans sont comme un jour et un jour comme mille ans." Cette phrase va me permettre de prendre la vraie dimension de ce qui m'arrive. »

Avec quel corps ?

Aux enterrements, les gens sont souvent en noir. À celui de Baudouin, le roi de Belgique, la reine veuve Fabiola était habillée de blanc, c'était très frappant dans ce cortège immense. Elle voulait dire, par ce choix extraordinaire de beauté, l'espérance qu'elle avait de retrouver son mari.

Nous sommes voués à la vie éternelle, sans pour cela avoir de mépris pour la vie terrestre. N'oublions pas que, si le Christ s'est incarné pendant trente-trois ans, c'est qu'il aimait la terre, mais pour nous conduire au ciel. N'oublions pas que chaque vie est unique au monde : je suis unique, tu es unique, nous sommes tous uniques.

« Les morts sont à la fois dans la tombe et au ciel ? demandait un enfant à sa mère. – Oui, en quelque sorte », lui répondit-elle. Chacun mourra, on le sait, il vaut mieux s'y préparer, mais on partira seul, même si on est entouré. Certains auront une survie immédiate, nous le savons. Lorsque le « gangster » qui était à côté de la croix du Seigneur lui demande pardon, le Seigneur lui dit : « Aujourd'hui, tu seras auprès de moi dans le paradis. » La résurrection finale verra la survie collective... Mon Dieu ! Quel bordel ce sera ! « Avec quel corps ? » demandait saint Paul. Souvenons-nous : Jésus ressuscite, il avance devant ses disciples. Ceux-ci ne le reconnaissent que lorsqu'il prend du pain et du vin : il était lui, mais il était aussi un autre. Alors voilà ma réponse : « On sera autre. » Nous serons autres, que nous soyons incinéré et devenu cendres, ou que notre corps soit porté au cimetière.

Le jugement dernier

Nous serons jugés sur le 25e chapitre de saint Matthieu. Souvenez-vous : « Quand j'étais en taule, es-tu venue me voir ? M'as-tu envoyé des mandats ?

M'as-tu attendu à la sortie ? Quand j'étais malade, as-tu pris le temps d'aller à l'hôpital m'offrir un bouquet de fleurs et passer un moment avec moi ? Quand j'étais toute seule (même si je vivais à Neuilly ou au cœur du XVIe dans une grande richesse), es-tu venue me voir ? » Nous serons jugés sur l'amour. Voilà la réponse du Christ à notre interrogation. Cette réponse est à vivre maintenant : être des combattants de l'amour et de la justice maintenant, partager maintenant. L'éternité commence aujourd'hui. Ne l'oubliez jamais.

Ce 25e chapitre de saint Matthieu, que j'ai lu tout petit, est resté vrillé dans mon cœur : tous les gestes d'amour que nous faisons comptent. C'est à nous de décider, ici et maintenant, si nous voulons vivre le paradis ou l'enfer sur terre.

> *Chaque refus de l'amour est une victoire de la mort.*
>
> Jean-Marie Lustiger

L'enfer

Je ne vous dis pas la peur qu'on nous faisait, quand j'étais petit, en nous parlant de l'enfer !

Est-ce une condamnation définitive ? Dans son livre *Entrez dans l'espérance*, Jean-Paul II a osé écrire : « La possibilité de la damnation éternelle est affirmée dans l'Évangile sans ambiguïté. Mais dans quelle mesure cela s'accomplit-il réellement dans l'au-delà ? C'est finalement un grand mystère. » Souvent, on me demande : « Et Hitler, Staline, Pinochet ? Et Judas que le Seigneur a appelé "mon ami" ? Où sont-ils maintenant ? Sont-ils au ciel ? »

Grande question… Certains pourraient se dire que finalement on peut voler, violer, torturer, massacrer tous ceux qu'on voudra puisque au final on sera pardonné après un stage de reconversion au purgatoire… À cette interrogation légitime, je n'ai pas de réponse. La miséricorde divine est infinie, c'est le mystère entre l'homme et Dieu. Dieu étant Dieu, à Lui de résoudre ce problème ! Nous, on tâtonne et, avec notre intelligence humaine, on cherche à décrypter ce mystère insondable.

Le purgatoire

Le purgatoire existe-t-il ? Oui, nous, chrétiens, nous le croyons. C'est une voie de purification. Contrairement à la religion bouddhiste qui dit que nous passons d'un état à un autre, et que ce changement d'enveloppe accompagne l'expiation de nos fautes, nous, chrétiens, disons que l'enveloppe pourrira mais que l'âme montera. C'est un lieu où l'on sera confronté à soi-même. Ce sera une purification, pas une salle de torture.

Je me souviens que, lorsque j'étais petit, certains prêtres nous avertissaient : si nous avions commis le péché de la chair, nous commencerions à griller par le sexe ; par la langue en cas de gourmandise ! Comment pouvait-on apprendre à des enfants des sornettes pareilles ? Non, une purification se produira, mais ne me demandez pas exactement laquelle : même les grands théologiens l'ignorent.

Le paradis

La beauté de la terre évoque de façon irrésistible quelque chose de plus haut. La terre est un signe du paradis. Qui a fait ce monde d'une si grande beauté ? Il paraît que là-haut, ce sera mille milliards de fois plus beau ! Au plus profond de nous-mêmes, nous restons marqués par un sceau indélébile : la création du monde. Nous sommes sidérés par la splendeur de la nature. La grandeur et la beauté des créatures nous conduisent à contempler leur auteur. Irrésistiblement nous sommes portés vers le haut. Le monde d'ici-bas est une anticipation du ciel.

Le prophète Isaïe nous parle de ce monde de demain où « nous verrons la gloire et la splendeur de Dieu. Nous aurons la vision d'une terre transformée et d'une humanité transfigurée. La contemplation de Dieu fait habiter le loup avec l'agneau, la panthère se reposer près du chevreau, l'enfant jouer à côté du cobra».

Dans la Genèse, le paradis est représenté comme un jardin luxuriant où tout est donné en abondance. L'Apocalypse évoque une Jérusalem éternelle, nouvelle, où Dieu essuiera toutes les larmes : il n'y aura plus de deuil, ni de cris, ni de souffrance.

Le paradis est là aussi maintenant, le Royaume des cieux commence sur terre. Si nous aimons les autres à tout casser, si nous avons le sens du partage, si nous regardons l'autre, alors nous serons des êtres de lumière et le paradis sera maintenant. Saint François d'Assise, sainte Thérèse, mère Teresa… sont partis, mais nous sommes là; c'est à notre tour d'être maintenant des êtres de lumière.

Laissez-moi partir

Cette prière amérindienne, magnifique de poésie et de beauté, dit combien, à travers les manifestations de la nature, à travers un tas de signes, on peut voir les êtres qui nous ont été chers :

Quand je ne serai plus là, relâchez-moi,
Laissez-moi partir.
J'ai tellement de choses à faire et à voir.
Ne pleurez pas, ô surtout ne pleurez pas, en pensant à moi,

Soyez reconnaissants pour les belles années,
Je vous ai donné tout mon amour et toute mon amitié.
Vous pouvez seulement deviner
Le bonheur que vous m'avez apporté.
Je vous remercie de l'amour que chacun m'avez montré sur terre,
Maintenant, il est temps que je voyage seul.
Pour un court moment vous pouvez avoir de la peine.
La foi vous apportera réconfort et consolation.
Nous serons séparés simplement pour quelque temps.
Laissez les souvenirs apaiser votre douleur.
Je ne suis pas loin et la vie continue…
Si vous avez besoin, appelez-moi et je viendrai.
Même si vous ne pouvez me voir ou me toucher, je serai là.
Et si vous écoutez votre cœur, vous éprouverez clairement
La douceur de l'amour que j'apporterai.
Et quand il sera temps à votre tour de partir,
Je serai là pour vous accueillir.
Absent de mon corps, présent avec Dieu.
N'allez pas sur ma tombe pour pleurer,
Je ne suis pas là, je ne dors pas,
Je suis les mille vents qui soufflent,
Je suis le scintillement des cristaux de neige,
Je suis la lumière qui traverse les champs de blé,
Je suis la douce pluie d'automne,
Je suis l'éveil des oiseaux dans le calme du matin,
Je suis l'étoile qui brille dans la nuit.
Alors, je vous en prie, n'allez pas sur ma tombe pour pleurer,
Je ne suis pas là et je ne suis pas mort.

Dieu-Amour à la source de tout

Il m'est arrivé que des personnes me demandent : « Et si, après la mort, il n'y avait rien, votre vie consacrée, votre don total aux loubards, les regretteriez-vous ? » Je réponds toujours : « Absolument pas ! L'amour à offrir et à recevoir a été tellement beau jusqu'à ce jour que je ne pourrais rien regretter… Mais j'ai la certitude que cet amour mystérieux qui me hante vient d'une force prodigieuse que j'appelle "Dieu-Amour". Sur terre, il n'y a rien de plus grand que l'amour. Je ne veux vivre que pour ça. Et la source, c'est Dieu. Alors, il m'est impossible de croire que ce Dieu m'ait trompé. »

Je ne peux pas, quoi que je fasse, ne pas croire au Christ ressuscité. Tout me l'indique, me le fait toucher du doigt. Dieu nous fait des signes. Il se cache souvent. Il se dévoile parfois. Ainsi va notre foi. Si nous avions la sensation absolue que Dieu existe, à tout moment de notre vie, on n'aurait plus besoin de Le chercher. Dieu a besoin de notre amour, et c'est ce qui est extraordinaire. Quand on a cette conviction, alors on éprouve le besoin insatiable de lui rendre cet amour. Dialogue d'amour, vital, sans fin.

Regarde l'amour humain. L'amour sur terre est combat. Sinon, tout serait si facile, si évident, que l'amour n'aurait plus besoin d'être. Il ne serait plus l'amour. Pour bâtir du vrai, du solide, du fidèle, de l'éternel, il faut s'accrocher.

Seule la Résurrection te permet de t'accrocher à l'invincibilité de l'amour.

Lui seul est fidèle

Au temps du passage de Jésus parmi ses disciples, ces derniers ont vu des choses extraordinaires (ils l'ont vu ressusciter des morts), des choses simples (ils ont mangé et bu avec lui). Mais ils ne comprenaient pas le sens de sa vie. Sa mort, enfin, l'éclaire. Ils ressentent un manque terrible du Christ et, enfin, ils savent combien il les avait aimés. Leur ami, leur compagnon de route, est parti. Et de la façon la plus terrible qui soit. Un vide immense les emplit : « Qui était-il ? On roupillait pendant que la peur de la mort lui faisait suer des gouttes de sang. On l'a laissé crever tout seul. On a été de beaux salauds. Qu'est-ce qu'il nous manque ! »

Seuls Jean et les femmes, restés là jusqu'au bout, savent, eux.

Si tu as dans ta vie quelqu'un qui te reste fidèle, alors tu tiens le trésor de ton existence. Si une personne, une seule, te montre que l'amour et l'amitié peuvent être solides, sans faille, alors tu sauras que Dieu est là. Il est toujours au cœur de toute fidélité. Parce que « Lui seul est fidèle », dit l'Évangile.

À travers une extraordinaire fidélité humaine, il y a quelque chose qui nous dépasse.

C'est le Christ ressuscité qui est la seule réponse. Il a tout vaincu par la Croix : nos faiblesses, nos peurs, nos angoisses, nos souffrances, nos infidélités. Il ne pouvait pas être autre que Fils de Dieu pour donner un sens à notre existence. En ressuscitant.

> *Si Dieu ne pardonnait pas, son paradis resterait vide.*
>
> Proverbe arabe

Tu es dans le cœur de Dieu, maintenant

Il faut multiplier sur terre les parcelles de paradis. Elles donnent soif de Dieu. Chaque famille aimante est l'antichambre du paradis. En vivant avec des jeunes qu'on dit perdus, irrécupérables, j'ai compris que Dieu m'a donné une place de choix : être l'homme de la Passion.

En fermant les yeux de dizaines de jeunes, morts souvent violemment, ma seule et dernière prière est toujours celle-ci : « Tu es dans l'Amour, maintenant. Tu es dans le cœur de Dieu. Tu cherchais l'amour sur terre. Tu n'as connu que trahisons et violences. Que Dieu-Amour t'accueille. Seul, Il saura te baigner pour l'éternité dans cet amour que tu as désespérément cherché sur terre. »

C'est ma seule réponse, elle découle de la Passion du Christ, mais surtout de la lumière de la Résurrection qui est là et qui brille au milieu des échecs nombreux. Après tant de combats à leurs côtés, voir un certain nombre de mes jeunes heureux, bien dans leur tête et leur cœur, est une grande espérance. Surtout, surtout, baigner mon regard dans celui de leurs gosses, c'est toujours y lire la Résurrection.

Non, jamais rien ni personne n'est perdu.

Seul le Christ ressuscité m'en donne la conviction.

CONCLUSION

Que l'amour en moi ne vieillisse jamais

À quinze ans, je m'en souviens encore, l'horizon 2000 me semblait inatteignable. Depuis quatorze ans nous l'avons dépassé allégrement. Garder intacts mes rêves d'enfant donne à mon vieillissement une saveur d'éternité.

Car mon rapport au temps se mesure aux vingt-quatre heures dont je dispose. C'est ma limite. Hier, je m'en fous, demain, je m'en contrefous : aujourd'hui seul me passionne. Ne pas perdre une minute de rencontre, d'amour à donner et à recevoir : c'est mon choix quotidien d'aimer à tout casser. J'imagine le paradis tellement plus beau, plus envoûtant que les plus sublimes paysages, les plus fulgurantes étreintes que l'amour et l'amitié peuvent offrir. Je tente de vivre le paradis ici-bas, malgré les ombres, les contraintes. Que l'amour en moi ne vieillisse jamais.

J'ai depuis longtemps apprivoisé l'approche de la mort. Le moment venu me verra prêt, je l'espère. À ce moment de vérité, je souhaite être dans la disposition joyeuse qui est la mienne aujourd'hui. Et puis Marie sera là, j'en suis sûr. Lui avoir demandé des milliers de fois au cours de l'« Ave Maria » : « Prie pour moi, pauvre pécheur, maintenant et à l'heure de ma mort » n'est pas une formalité. J'ai la certitude qu'elle sera présente pour le passage. Je souhaite simplement ne pas être trop handicapé en fin de vie, même si certains jeunes devenus adultes, que j'ai servis tant d'années, m'ont déjà annoncé qu'ils se feraient une joie de pousser mon fauteuil roulant !

Allons-y !

Pour ma part, j'attends, puisque depuis tout petit je m'y suis préparé. Je souhaite voir venir la mort et me plonger enfin dans l'Amour absolu que j'ai cherché toute ma vie. Le croyant ne peut vivre que dans la joie de rencontrer enfin Celui qui a hanté sa vie, jour après jour.

J'aime beaucoup cette phrase : « Vis sur terre comme si tu devais partir ce soir ou comme si tu devais vivre mille ans. » Vivre les valeurs les plus hautes possible dans la journée, dans la construction de soi-même, dans celle des autres, amener la joie en soi malgré les ombres.

C'est une joie terrestre qui annonce l'allégresse finale et prodigieuse où l'on vivra éternellement.

Donc, si ce soir ça se terminait, eh bien, allons-y !

Mon enterrement

Un jour, un jeune loubard qu'on appelait Mao me lance :

« J'ai une chose à te dire, Guy.

– Quoi ?

– Je n'ose pas.

– Dis-la quand même.

– Je n'ose pas. Tu vas me foutre ton poing sur la gueule.

– Vas-y. Je te promets que je ne te touche pas. Je t'écoute. »

Il me dit :

« Qu'est-ce qu'il y aura de monde à ton enterrement ! »

J'ai répondu :

« Évidemment, je pense qu'il y en aura. »

Ma mort, je l'ai envisagée simplement comme ceci : une fête. C'est la fête de la rencontre que j'ai cherchée toute une vie. Et je souhaite qu'on fête avec moi cette rencontre. Ce que je n'aime pas dans les enterrements, ce sont les envolées dithyrambiques prononcées par des gens très cathos, dans un phrasé superbe. Je préfère que des jeunes loubards témoignent avec leurs mots, sans écrits, de ce que j'ai vécu de meilleur au milieu d'eux. Mes nombreux adjoints connaissent les chants que j'aime, mes morceaux préférés, et ils sauront choisir, le moment venu. Ma seule volonté : que ce soit une vraie fête d'espérance, pleine de joie, sinon je redescendrai sur terre en les engueulant : « Pourquoi pleurez-vous ? Je suis heureux là-haut maintenant. » Voilà ma volonté.

Quand je verrai Dieu, je Lui dirai…

Quand je verrai Dieu, je Lui dirai ceci :

Si Tu as créé le félin si beau, si noble, le faon si léger, aérien et innocent, pourquoi Tu as permis que le lion, après une course effrayante, égorge l'innocence ?

Pourquoi le bifteck que j'aime provient-il de la vie qu'on a élevée, choyée, puis tuée pour le plaisir de mon palais ?

Pourquoi le chasseur tue avec joie et pourquoi la tuerie qu'il commet n'est qu'un sport pour lui ?

Pourquoi l'homme aime faire souffrir le taureau dans les corridas pour le plus grand bonheur de la foule des humains ?

Je ne Te poserai pas la question sur les pires horreurs que l'homme peut infliger à ses semblables, puisque je sais et je crois que Tu lui as laissé la liberté. Je sais aussi que le fauve comme le saint qui dorment en nous peuvent jaillir à tout moment.

Pourquoi suis-je né dans une France repue et non au Darfour ou au Rwanda, au Salvador ou ailleurs ? C'est un grand mystère. Il faut m'accrocher pour croire que l'Amour est toujours vainqueur. Mais j'y crois plus que tout ; c'est la foi du charbonnier. Alors, Seigneur, oublie mes questions. Si, Toi, Tu as subi les pires atrocités avant de mourir, c'est pour nous montrer la route de la Résurrection. Mystère insondable de souffrance et de la joie, mystère de la vie que je suis certain que nous verrons en plénitude une fois que nous serons dans le royaume de Dieu.

L'avenir de Faucon

« Après toi, que deviendra la Bergerie de Faucon ? » me demande-t-on de plus en plus souvent. Des dizaines d'associations, nées en France et ailleurs, s'inspirent de Faucon, notamment de la zoothérapie. C'est une première réponse.

La deuxième est celle-ci : nos vingt-cinq hectares de terre sont gérés par une association que je préside. Juridiquement la structure est bien ficelée. Je dis parfois à mes compagnons que je suis le ramasse-merde. Je suis là pour serrer ou desserrer les boulons. Ils me donnent des idées, on en discute et on tranche à la majorité.

C'est avec cette méthode que Faucon a fonctionné depuis quarante ans. Que deviendra Faucon après moi ? Si tout est préparé avec soin avant mon départ vers des vacances éternelles, il n'y a aucune inquiétude sur son avenir. Mes successeurs, je l'espère, garderont la ligne tracée, avec leur propre charisme. Une fondation qui se prépare pourra maintenir nos idéaux et la terre où ils ont vécu.

Des anciens me décochent parfois : « Tu es éternel, Guy, tu ne vieillis pas. » Ces anciens-là sont très gentils, et même flatteurs, mais ils ne sont pas cons et ils connaissent l'échéance inéluctable. Moi aussi.

Je veillerai au grain

Je dis souvent en forme d'humour à mes adjoints : « De là-haut, si telle est ma place, je veillerai au grain. J'ai assez bossé sur terre pour ne pas avoir un portable céleste bourré de messages quotidiens. Et puis, si Dieu a un compte en banque bien garni, sollicitez-Le ! Mais vous savez bien que Dieu ne joue pas au loto. Il vous donnera ce que vous Lui demanderez : un discernement qui ne doit pas faiblir, une énergie sans faille, un amour le plus gratuit possible et une espérance invincible. Tout le reste arrivera naturellement si vous possédez l'amour. »

Un jour, un de mes adjoints, athée et sceptique quant à l'espérance qu'il pourrait apporter aux jeunes, me dit avoir découvert à mon contact que seul l'amour vécu à donner et à recevoir compte dans la vie. Il avait compris que l'amour est la valeur principale de la vie. En le manifestant, on le multiplie.

Pour aller à la source de l'amour qu'est Dieu, ma devise est la plus militante qui soit : « Vivre de telle façon qu'à ma seule façon de vivre, on pense que c'est impossible que Dieu n'existe pas. »

Récapitulatif des conseils

• Assumez votre peur de la mort.

• Vivez votre vie comme si vous deviez battre le record de longévité de Jeanne Calment, tout en vivant chaque jour comme si ce soir vous deviez casser votre pipe !

• Vivez dans le présent.

• Ne cessez jamais de faire des projets et d'espérer.

• Bûchez votre spiritualité.

• Prenez du temps pour Dieu.

• Priez, et d'autant plus lorsque vous êtes dans les ténèbres.

• Regardez ce que vous avez reçu, pour en rendre grâce.

• Dites « Je t'aime » tant que vous le pouvez.

• Soyez à l'écoute des jeunes : ne minimisez pas la force autodestructrice qui les anime par moments et l'attention extrême qu'ils réclament.

• Donnez le maximum aux malades : un réconfort, une présence, des mots, des gestes, des sourires, des attentions…

• N'oubliez pas qu'une personne condamnée réclame surtout une présence, elle a besoin d'écoute, elle attend une intimité humaine chaleureuse.

• N'oubliez pas que la mort vous mènera à la plus merveilleuse des rencontres.

• Apprivoisez l'approche de la mort, n'ayez pas peur.

• Faites de la mort le plus beau jour de votre vie, refusez de vivre une vie close sur elle-même.

• Ne craignez pas Dieu, comptez sur Sa miséricorde.

• N'oubliez pas que Dieu nous attend, à n'importe quelle heure du jour et de la nuit. Ressentez la joie d'aller vers Lui.

• Réfléchissez à votre propre mort, et ainsi au sens de la vie.

• Parlez à ceux qui vous ont quitté.

• La réconciliation peut se faire après la mort : nous pouvons nous adresser à nos morts, ils nous répondront par d'autres moyens que par la parole.

• Que chaque disparition vous aide à bondir vers les vivants pour mieux les aimer.

Bibliographie

Ben Soussan Patrick, Gravillon Isabelle, *L'Enfant face à la mort d'un proche*, Albin Michel, 2006.

Callens Jean-François, *Face à ma mort*, Béatitudes, 2014.

Fauré Christophe, *Vivre le deuil au jour le jour,* Albin Michel, 2012.

Fromaget Michel, *Naître et mourir*, François-Xavier de Guibert, 2007.

Garrigues Jean-Miguel, *À l'heure de notre mort*, Éditions de l'Emmanuel, 1999.

Gril Josette, *Vivre après la mort de son enfant,* Albin Michel, 2007.

Guimet Claudie, *Dernières joies avant la mort*, Éditions du Cerf, 2011.

Hadjadj Fabrice, *Réussir sa mort*, Points, 2010.

HENNEZEL Marie de, *La Mort intime*, Pocket, 2006.

HENNEZEL Marie de, LELOUP Jean-Yves, *L'Art de mourir*, Pocket, 2000.

KÜBLER-ROSS Elisabeth, *La Mort, dernière étape de la croissance*, Pocket, 2002.

LEDOGAR Denis, *Au chevet des malades*, Presses de la Renaissance, 2003.

MAÎTRE ECKHART, *L'amour est fort comme la mort*, Folio, 2013.

NHAT HANH Thich, *Il n'y a ni mort ni peur*, Pocket, 2005.

RATZINGER Joseph, *La Mort et l'au-delà*, Fayard, 2005.

Service diocésain de Lyon, *Devant la mort*, Éditions de l'Atelier, 2007.

Pour en parler aux petits

AUSCHITZKA Agnès, NOVI Nathalie, *Quelqu'un que tu aimais est mort*, Bayard Jeunesse, 2013.

BLOCH Serge, SAINT MARS Dominique de, *Grand-père est mort*, Calligram, 2004.

BLOCH Serge, SAINT MARS Dominique de, *Lili a peur de la mort*, Calligram, 2009.

CLÉMENT Claire, CORDIER Séverine, DE WECK Claudia, *Où on va quand on est mort ?*, Bayard Jeunesse, 2012.

DOLTO Catherine, *Si on parlait de la mort*, Giboulées, 2006.

VARLEY Susan, *Au revoir, Blaireau*, Gallimard Jeunesse, 2010.

Table

Cet ouvrage a été achevé d'imprimer
en mai 2014 dans les ateliers de Corlet
à Condé-sur-Noireau

N° d'imprimeur : 162088
Dépôt légal : mai 2014
ISBN : 978-2-84876-403-0
Imprimé en France